近代的経済社会の
基礎を築いた巨星 **渋沢栄一**

もくじ

日本資本主義の父
4 渋沢栄一の生涯

8 波乱万丈!! 渋沢栄一のあゆみ

渋沢栄一のルーツを知ろ！
10 生誕のまち探訪コース

渋沢栄一の大好物を食べ尽くす!?
12 欲張りグルメ三昧コース

手に入るのは今だけかも？
14 渋沢グッズ探訪ドライブコース

埼玉三偉人の足跡をたどる
16 熊谷・妻沼探訪コース

晩年を過ごした街をめぐる
18 飛鳥山レトロ探訪コース

渋沢栄一のすごさが分かる！
20 おすすめ Book 8 選

22 Goods & Foods
渋沢栄一ゆかりの品々をご紹介！

深谷市周辺MAP

新型コロナウイルス感染拡大防止のために

■ 状況により各施設等のイベント中止、入場制限等の措置がとられる
場合があります。最新の情報をご確認のうえお出かけください。
■ お出かけ先では、各施設管理者の指示・要請に応じてください。
■ お出かけは、少人数でマスク着用のうえ、密閉・密集・密接を避け、
静かにお過ごしくださいますようお願いいたします。

■ 入場料、商品価格、交通などの各情報は2021年8月20日現在のものです。

企画・編集／埼玉新聞社　本冊子の内容の無断転写を禁止します

表紙写真　渋沢栄一肖像 深谷市所蔵／JR深谷駅

JN073725

日本資本主義の父

渋沢栄一の生涯

1840～1931年　深谷市生まれ

深谷市所蔵

　尊王攘夷運動に燃えながら、26歳で幕臣となり、維新後は新政府の一員として銀行制度や貨幣制度などを立案。そして、33歳の時に実業界に転身し、約500の株式会社の設立・育成に関わるなど近代的経済社会の基礎を築きました。幕末から明治、大正、昭和と、激動の時代を駆け抜けた91年の生涯を紹介します。

500社の設立・育成に関わり 近代的経済社会の基礎を築く

―――――― 少年 - 青年 時代

家業にいそしむ傍ら、漢籍を学ぶ

　1840（天保11）年、武蔵国榛沢郡血洗島村の富農・渋沢「中の家」に生まれました。

　家業の藍玉の製造・販売にいそしむ傍ら、いとこの尾高惇忠から漢籍（漢文で書かれた中国の書物）を学びました。少年時代の栄一は小説類を好んで読むほどの読書好きで、学んだ書物は『論語』をはじめとする「四書五経」から『日本外史』まで多岐にわたっていました。

論語

「四書五経」のうちの一冊。約2,500年前の戦乱の時代を生きた中国の思想家・孔子と弟子とのやり取りをまとめた言行録。「仁」（思いやりや誠実さ）を重視した生き方、リーダーの在り方などを説いている。

孔子像（東京都文京区・湯島聖堂）

尾高惇忠 生家（深谷市）
➡詳細は11ページ

渋沢栄一 生家
「中の家」（深谷市）
➡詳細は10ページ

「尊王攘夷」に傾倒し、倒幕を計画

　18歳で結婚。藍の買い付けなどで商才を磨く一方、理不尽な身分制度への憤りや志士たちとの交流を通じて尊王攘夷思想に傾いていきます。

　高崎城の夜襲、横浜居留地の焼き討ちを計画しましたが、いとこの尾高長七郎に説得されて直前で断念。しかし倒幕への思いは消えず、いとこの渋沢喜作とともに京都に向かいました。栄一23歳の時でした。

エピソード 1
理不尽な身分制度に怒り

　岡部藩の代官は、事あるごとに御用金の供出を求めた。17歳の時、父の代理で陣屋に出頭した際、500両の供出を命じられたうえ屈辱的な言動を受ける。倒幕への思いにつながるとともに「官尊民卑の打破」を生涯の目標にする原体験となった。

一橋家臣 - 幕臣 時代

情熱と能力を買われ、一橋家に仕官

　京都滞在中、幕府を批判した栄一の手紙が取り締まり方に渡ってしまいます。この窮地を救ったのが一橋慶喜の側近・平岡円四郎でした。平岡は栄一が熱心な尊王攘夷論者であることを承知で一橋家に仕官することを勧めます。その情熱と能力を高く評価していたからです。

　幕府を支える一橋家に仕官することは「変節」そのものでしたが、栄一はこれを受け入れます。そして、卓越した実務能力を存分に発揮し、一橋家の兵力増強や財政改革に尽力しました。

エピソード 2
受けた恩を忘れない

　徳川慶喜が幕府崩壊時に「命を惜しんだ」などの悪評があったことに心を痛めた栄一は、実業家に転身後、約25年をかけて慶喜の伝記を編さん。また、平岡円四郎の遺族に対しても、孫の代になり「なぜ渋沢さんにこんなに親切にされるか分からぬ」と首をかしげられるまで報恩を続けた。

一橋家臣から幕臣に。「パリ万博」で世界を知る

　しかし、栄一はさらなる試練に見舞われます。慶喜が徳川宗家を継ぎ、15代将軍に就くことになりました。「幕府はやがて崩壊する──」。血洗島時代からそう考え行動してきた栄一にとって、幕臣になることは奈落の底に突き落とされたも同然でした。失意の日々を送っていた栄一でしたが、またもや転機が訪れます。慶喜の実弟・徳川昭武が「パリ万博」に参列することになり、その随員に指名されたのです。

　フランスを皮切りにスイス、オランダ、ベルギー、イタリア、イギリスなどを歴訪。渡欧期間は1年半に及び、各国の最新技術やインフラ、社会・経済の制度などに実際に触れることができました。この経験は、後の活動に大きな影響を与えました。

明治政府で各種制度の立案に参画

帰国後の1869（明治2）年、29歳の栄一は維新政府の一員になります。度量衡の単位基準の確立、郵便制度・貨幣制度の制定、暦法の改正、鉄道の敷設、殖産興業政策などの立案に関わりました。その多くが実現しましたが、国家予算をめぐる問題をきっかけに、1873（明治6）年に大蔵省を退官しました。

世界遺産※1 国宝※2「富岡製糸場」（群馬県富岡市）
写真提供 富岡市
1870（明治3）年、栄一は官営富岡製糸場設置主任となり、日本初の本格的な機械製糸工場の設立に着手する。
※1「富岡製糸場と絹産業遺産群」として2014（平成26）年、世界遺産に登録
※2「旧富岡製糸場 繰糸所 東置繭所 西置繭所」は同年国宝に指定

第一国立銀行など約500社の設立・育成に関わる

大蔵省を退官した栄一は、わが国初の近代的銀行、第一国立銀行を創立し、総監役（後に頭取）に就任します。以来、銀行業を中心に、製紙・鉄道・海運・ガス・電力・印刷・造船・新聞・ビール・ホテルなど約500の株式会社の設立・育成に関わりました。同時に、株式取引所や商業会議所など経済団体の組織化にも尽力、日本の近代的経済社会の基礎を築きました。

「道徳経済合一説」を提唱

栄一は、幼いころから親しんだ『論語』に依拠し、「利益を求める経済の中にも道徳が必要である」とし、「商工業者がそうした考えに基づいて経済活動を行うことが、国や社会の利益につながる」とした「道徳経済合一説」を提唱。生涯にわたりその哲学を貫き、実践しました。

手がけた約500社の多くが現存。著書『論語と算盤』は100年以上にわたって読み継がれ、「道徳経済合一説」は、今もなお多くの経営者の指標となっています。

渋沢栄一が関係した主な会社

- 第一国立銀行（現みずほ銀行）
- 抄紙会社（現王子ホールディングス、日本製紙）
- 東京海上保険（現東京海上日動火災保険）
- 大阪紡績（現東洋紡）
- 日本煉瓦製造
- 東京石川島造船所（現IHI）
- 日本鉄道会社（現JR東日本）
- 日本郵船会社（現日本郵船）
- 帝国ホテル
- 東京瓦斯会社（現東京ガス）
- 東京電燈会社（現東京電力）
ほか

JR深谷駅（深谷市）
大正時代、「日本煉瓦製造」（→詳細は11ページ）で製造された煉瓦が東京駅建設に使用されたことにちなみ、東京駅赤レンガ駅舎をモチーフに改装された。

日本銀行本店に近い常盤橋公園（東京都千代田区）にある栄一の銅像

国の重要文化財「誠之堂」（深谷市）
栄一の喜寿を記念して東京世田谷に建てられ、栄一本人が「誠之堂」※と命名。1999（平成11）年に生誕の地である深谷市に保存のため移築された。

※儒教の『中庸』の一節「誠者天之道也、誠之者人之道也」
（誠は天の道なり、これを誠にするは人の道なり）

社会・公共活動 時代

約600の社会・公共事業に関わる
民間外交にも尽力、「ノーベル平和賞」候補に

　栄一は76歳の時に実業界の一線を退き、社会・公共事業にそれまで以上に献身的に取り組みます。福祉や医療機関の運営や支援、商業教育、女子教育、私学教育の振興、首都・東京の社会基盤整備など関わった事業は約600にも上ります。

　当時、民間外交の必要性が指摘され、栄一はその中心的な担い手にもなりました。日米関係の改善などに尽力した功績により、85歳の時に加藤高明内閣総理大臣らにより1926年度「ノーベル平和賞」候補者に推薦され、翌年にも同候補者に推されました。

　1931（昭和6）年11月11日、永眠。東京・飛鳥山の渋沢邸から葬儀が行われた青山斎場までの沿道は、葬列を見送る人々で埋め尽くされました。

渋沢史料所蔵

青い目の人形を抱く渋沢栄一
栄一は日米関係の改善を願い、両国の子どもたちに人形を贈る交流事業を行った。米国から贈られた「青い目の人形」の多くは太平洋戦争で失われたが、全国で270体あまりが現存する。埼玉県内にあるのは12体。関係者や子どもたちによって今でも大切に守られている。

栄一が一生をかけて取り組んだこと

『常設展示図録　渋沢史料館』より引用

① 株式会社組織により、多くの人々の知恵と資金を集め、
　道義にのっとった活発な企業活動を展開し、豊かな社会を実現する

② 国境を越えて、自由で活発な市場経済を実現し、人類全体を豊かにする

③ 市場経済の中で、取り残されがちな弱者を支援する社会福祉や、
　社会の基盤として大切な教育にも力を入れる

　富農の家に生まれ、「尊王攘夷運動」➡「幕臣」➡「明治政府の官僚」➡「実業家」と、立場は目まぐるしく変わりましたが、「世の中を変える」「新しい日本を創る」という志は、いささかもぶれることはありませんでした。

　先見性と行動力で、近代的な社会の仕組みを作り出した栄一の中に常にあったのは、幼い頃より学んだ「仁」の精神。渋沢栄一が亡くなって今年で90年になりますが、その視点は現代社会にも生き続けています。

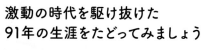
激動の時代を駆け抜けた
91年の生涯をたどってみましょう

波乱万丈!!
渋沢栄一のあゆみ

33歳 1873年 (明治6年)
抄紙会社 (現 王子ホールディングス、日本製紙) を創立。
大蔵省を辞めて、第一国立銀行 (現 みずほ銀行) を創立。

29歳 1869年 (明治2年)
駿府藩に商法会所を設立。
大隈重信に強く要請され、明治新政府で財務などを担当。

新政府時代

＼ 関わったおもな事業
租税制度改正、富岡製糸場開設、鉄道敷設など

27歳 1867年 (慶応3年)
慶喜の弟・徳川昭武に随行してパリ万博を視察し、ヨーロッパ各国を歴訪。渡欧期間は1年半にわたった。

＼ そのころの出来事
● 1867年／坂本龍馬暗殺 (近江屋事件)
● 1868年／元号が慶応から明治に改元

少年・青年時代

Start!

0歳 1840年 (天保11年)
3月16日、武蔵国榛沢郡血洗島村 (現在の深谷市血洗島) に、父・市郎右衛門、母・ゑいの長男として生まれる。

＼ そのころの出来事
● 1840年／清とイギリスの間でアヘン戦争が起こる
● 1841年／老中・水野忠邦が天保の改革を宣言

＼ 同年に生まれた著名人
● ジョン・ボイド・ダンロップ (スコットランド／ダンロップ㈱創設者)
● 久坂玄瑞 (長州藩士・尊王攘夷派の中心人物)
● ピョートル・チャイコフスキー (ロシア／作曲家)
● ナサニエル・ロスチャイルド (イギリス／銀行家・政治家)
● 黒田清隆 (薩摩藩士・第2代内閣総理大臣)
● オーギュスト・ロダン (フランス／彫刻家)
● クロード・モネ (フランス／印象派画家)

26歳 1866年 (慶応2年)
一橋慶喜が徳川宗家を継ぎ、15代将軍となる際に幕臣となる。

徳川慶喜

7歳頃 1847年 (弘化4年)
従兄の尾高惇忠より、「四書五経」など漢籍を学び始める。

＼ そのころの出来事
● 1846年／米国軍艦2隻が浦賀水道に来航し通商を打診するも、浦賀奉行がこれを拒否、退去を通告

幕臣時代

24歳 1864年 (文久4年)
喜作と共に一橋慶喜に仕える。兵力増強や財政改革で手腕を発揮。

＼ そのころの出来事
● 1864年／禁門の変 (蛤御門の変) 天狗党 (水戸藩内外の尊王攘夷派) の乱

18歳 1858年 (安政5年)
従兄で師の尾高惇忠の妹・ちよと結婚。

23歳 1863年 (文久3年)
高崎城の乗っ取りを企てるが、惇忠の弟・長七郎の説得により断念。従兄・渋沢喜作と共に京へ上る。

36歳
1876年
（明治9年）

生活困窮者などを保護する「東京養育院」事務長に就任。後に院長となり、終生この運営に心を砕いた。

＼ そのころの出来事
●1876年／グラハム・ベルが電話機の特許を取得
　上野公園（後の上野恩賜公園）開園

38歳
1878年
（明治11年）

東京商法会議所（現 東京商工会議所）を設立、会頭に就任。東京株式取引所を設立。

＼ そのころの出来事
●1878年／エジソンが蓄音機の特許を取得

45歳
1885年
（明治18年）

海運業の独占を狙う郵便汽船三菱会社の岩崎弥太郎と激しく争う。日本郵船会社（現 日本郵船）を設立。

＼ そのころの出来事
●1885年／日本鉄道・品川線が開通
　日本銀行券が発行開始

近代日本経済の父

91歳
1931年
（昭和6年）

11月11日永眠。当日午後、天皇の勅使ならびに皇后・皇太后の使者が遣わされ、弔意が伝えられた。居宅のある東京・飛鳥山から青山斎場までの葬列を、沿道から多くの人々が見送った。

60歳
1900年
（明治33年）

男爵となる。大倉商業学校（現 東京経済大学）の創立委員として名を連ねる。

61歳
1901年
（明治34年）

かねてより女子への高等教育の必要性を提唱。日本女子大学校の創立を支援する（後に校長に就任）。

87歳
1927年
（昭和12年）

日本国際児童親善会を設立。米国と日本で人形を交換し、両国の親善交流に尽力する。

社会・
公共活動時代

62歳
1902年
（明治35年）

欧米を視察し、ルーズベルト米大統領と会見する。

86歳
1926年
（大正15年）

1926年度「ノーベル平和賞」候補者となる。翌年も同賞候補者として推薦される。

76歳
1916年
（大正5年）

実業界を引退。社会・公共事業や道徳普及運動、民間外交などに注力していく。

＼ そのころの出来事
●1914年／第一次世界大戦勃発

83歳
1923年
（大正12年）

関東大震災。被災者支援団体を設立し、寄付金集めに奔走。米国の実業家からも多くの義援金が集まる。

78歳
1918年
（大正7年）

旧主・徳川慶喜の事績を正確に伝えるため、伝記『徳川慶喜公傳』を刊行する。

JR高崎線 深谷駅
深谷製のレンガが使われた
東京駅を模した駅舎

渋沢栄一の像や
からくり時計が
お出迎え

深谷駅からスタート
深谷 AREA

渋沢栄一のルーツを知る！
生誕のまち探訪コース

渋沢栄一ゆかりの地・深谷市へ。渋沢栄一を知りたいなら抑えておきたい
定番ルートを辿り、街の歴史や文化にも触れる学びのトリップです。

1 渋沢栄一記念館 しぶさわえいいちきねんかん

渋沢栄一を知るために、まずは訪れるべき場所。本人の肉声テープを
はじめ、写真や書画など数多くの資料を展示しています。昨年からは
渋沢栄一アンドロイドによる講義がスタート！経済と道徳の両立の重
要性を説いた「道徳経済合一説」の教えを聞くことができます。

車で
約3分

● 深谷市下手計1204
048-587-1100
入館無料　事前予約制
9：00〜17：00（資料室）
9：30〜16：00（講義室※アンドロイド）
㊡年末年始

2 旧渋沢邸「中の家」 きゅうしぶさわてい なかんち

渋沢栄一が23歳まで過ごしたとされる生地（現在の建物は
1895年に妹夫婦が建てたもの）。深谷に帰郷した際は、奥の
上座敷に滞在していたそうです。現在、80歳ごろの姿をイメー
ジした渋沢栄一アンドロイドがプレ公開中（〜12月26日）。

徒歩
約1分

上座敷にいる和装姿の
渋沢栄一が見られます

● 深谷市血洗島247-1
048-587-1100（渋沢栄一記念館）
見学無料　10名以上の団体要予約
9：00〜17：00（最終入場16：30）
㊡年末年始

※令和4年、耐震改修工事のため休館予定

令和5年にリニューアルオープン予定！

3 麺屋忠兵衛 めんや ちゅうべえ

お隣の古民家は、地元の製麺会社が運営する煮ぼ
うとうの専門店。渋沢栄一が愛した深谷の郷土料理
をいただけます。

深谷ねぎがたっぷり♪

煮ぼうとう850円
（とろろご飯セット1,100円）

● 深谷市血洗島247-1　048-598-2410
11：00〜14：00　無休

4 尾高惇忠生家 おだかじゅんちゅう せいか

車で約5分

渋沢栄一の従兄であり、学問の師でもあった尾高惇忠の生家。江戸時代後期に曽祖父が建てたものとされ、この地方の商家建物の趣を残す貴重な文化財です。建物の裏には、日本煉瓦製造株式会社の煉瓦で造ったと思われる煉瓦造りの土蔵があります。

● 深谷市下手計236　048-587-1100（渋沢栄一記念館）
見学無料　10名以上の団体は要予約
9：00〜17：00　㈭年末年始

5 旧煉瓦製造施設　日本煉瓦製造株式会社

車で約10分

きゅうれんがせいぞうしせつ　にほんれんがせいぞうかぶしきがいしゃ

ホフマン輪窯
※現在は保存修理工事中（令和6年に見学再開予定）
史料館の見学は可能です

渋沢栄一らによって、明治21年に日本で初めて設立された機械式の煉瓦工場。深谷製の煉瓦は日本初の専用鉄道で大量輸送され、司法省（現法務省）や日本銀行、そして東京駅などに使われました。工場の一部は保存され、史料館では道具類を見学できます。

● 深谷市上敷免28-10
048-577-4501（文化振興課）
見学無料
9：00〜16：00（土・日のみ開館）
㈭年末年始

車で約15分

6 七ツ梅酒造跡 ななつうめしゅぞうあと

時代をトリップしたような不思議空間

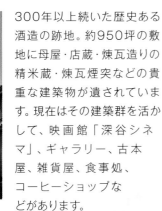

300年以上続いた歴史ある酒造の跡地。約950坪の敷地に母屋・店蔵・煉瓦造りの精米蔵・煉瓦煙突などの貴重な建築物が遺されています。現在はその建築群を活かして、映画館「深谷シネマ」、ギャラリー、古本屋、雑貨屋、食事処、コーヒーショップなどがあります。

● 深谷市深谷町9-12
048-573-8707

車で約5分

令和4年1月10日まで

7 渋沢栄一 青天を衝け 深谷大河ドラマ館 ふかやたいがどらまかん

「中の家」をイメージした土間や囲炉裏

埼玉初の大河ドラマ館は、栄一の生家の撮影セットが再現され、ドラマで使用された小道具や衣装の展示、メイキング映像の上映などが見られ、ドラマの世界に浸れます。出演者のパネル展示もあり、記念撮影ポイントが盛りだくさん！今だけの限定施設を要チェック。

● 深谷市仲町20-2　048-551-8955
大人（18歳以上）800円
小・中高校生400円
未就学児無料　団体割引あり
9：00〜17：00　無休

※新型コロナウイルスなどの影響により、誌面でご紹介した施設や店舗の開館（営業）時間・展示内容・提供サービスなどが変更・中止になる可能性があります。詳細は二次元コードを読み取り、事前に各ホームページなどでご確認ください。

道の駅おかべ

花園フォレストの
パンやスイーツ

渋沢栄一の大好物を食べ尽くす!?
欲張りグルメ三昧コース

渋沢栄一が愛した深谷の郷土料理や、モチーフにしたスイーツをご紹介！
栄一に思いを馳せつつ、お腹もいっぱいになる大満足なコースです。

1 埼玉グランドホテル深谷 さいたまぐらんどほてるふかや

まずは深谷駅近くのホテルで、渋沢栄一が好んだ郷土名物・煮ぼうとうのランチを味わいます。醤油味のつゆで煮込んだ「青淵煮ぼうとう」は、地場産野菜たっぷり。テイクアウト＆デリバリーには、栄一が3度の訪中で訪れた6都市の代表的なメニューを詰めた「渋沢栄一 中国紀行弁当」が人気です。

● 深谷市西島町1-1-13
048-571-2111

青淵 煮ぼうとう990円（かしわ天丼セット1,430円）
※提供は11:30〜14:30（LO14:00）

「青淵」とは渋沢栄一の雅号

徒歩
約20分

渋沢栄一 中国紀行弁当1,500円
※テイクアウトは、ご予約10:00〜17:00、
お渡し11:30〜19:30、当日のご注文OK、月曜定休

2 harunire cafe はるにれかふぇ

地元の造園会社のモデルガーデンとして「水と雑木と深谷レンガ」の庭をメインに設計されたカフェ。ここでオーダーしたいのが、パンケーキにハニーナッツや塩キャラメルを挟んだスイーツ「栄一さんど」。渋沢栄一の焼印入りです。水音を聞き、緑を眺めながら、心地よいひとときを過ごせます。

テイクアウトもおすすめ！

栄一さんど420円

● 深谷市東大沼100-1
048-571-5088
11:30〜13:30（LO）
※夜営業は現在休止中
（休）日曜、祝日、第1・3月曜

あ 深谷ねぎとみたらしのたれがベストマッチ♪

3 中瀬屋 なかぜや

渋沢栄一も好んで食した深谷ねぎ。4代続く老舗の和菓子店で買い求めたいのが、その深谷ねぎと団子を交互に串に刺した「深谷ねぎだんご」です。これは「深谷ねぎ料理選手権」で堂々グランプリを受賞した大人気の逸品。注文を受けてから焼いてくれるので、出来たてを楽しめます。

● 深谷市曲田231-1
048-571-1824　9:00〜18:00　(休)水曜

深谷ねぎだんご100円

約15分

🚗で 約7分

青天を衝けバージョン♪

深谷栄一ソフトクリーム　380円

4 道の駅おかべ みちのえきおかべ

朝食にはいつもオートミールを欠かさなかった渋沢栄一。そのオートミールをバニラミルクで仕上げた「深谷栄一ソフトクリーム」を、深谷バイパス沿いにある道の駅おかべで味わうことができます。店内には、深谷ねぎをはじめ多くの農産物やお漬物、地酒、ふっかちゃんグッズなど、深谷の名産品も揃います。

● 深谷市岡688-1
048-585-5001
直売所8:30〜19:00
物産所8:00〜19:00
年中無休

店内には、大河ドラマ「青天を衝け」のポスターも飾られています

🚗で 約25分

5 花園フォレスト はなぞのふぉれすと

ヨーロッパの閑静な邸宅をモチーフにしたスイーツのテーマパークでは、「渋沢栄一伝」をお土産にどうぞ。生地にはアーモンドが練り込まれ、中には「さらしあん」がたっぷり入ったカステラ焼きです。敷地内では、ほかにもたくさんのバウムクーヘンやケーキ、ジェラート、パン、豆腐などを製造・販売しています。

あんには北海道産小豆を使用♪

● 深谷市小前田417　048-579-0101
10:00〜18:00　(休)年末年始

渋沢栄一伝[カステラ焼き]
8個入 1,080円

上里サービスエリア（下り）
渋沢栄一コーナー
※予告なく変更・終了となる場合があります

県内の物産館や道の駅、サービスエリアなどを
車でめぐり、ここでしか買えないご当地商品や
渋沢栄一グッズをゲットしちゃいましょう。

いろいろあるよ！
埼玉県内
AREA

手に入るのは今だけかも？
渋沢グッズ探訪ドライブコース

令和4年1月10日まで

1 大河ドラマ 深谷物産館 たいがどらま ふかやぶっさんかん

「渋沢栄一 青天を衝け 深谷大河ドラマ館」に併設し、大河ドラマ「青天を衝
け」の公式商品や渋沢栄一の関連グッズなどは約800点。そのほかにも、深
谷の野菜や米、卵、ハチミツ、ピクルス、ドレッシング、ネギみそなどの食品も
並びます。物産館は入館無料エリアなので、買い物だけの利用も可能です。

やわらかやき 葱みそせん
8枚入り 972円
お煎餅「煎遊」の人気商
品の渋沢パッケージバー
ジョン。深谷ねぎと特製み
そを練り合わせた、やわら
か食感の一枚

お城の御朱印「御城印（ごじょういん）」440円
「深谷城」（別名「木瓜（ぼけ）城」）、
そして「渋沢栄一」など種類いろいろ

渋沢栄一ステンレスタンブラー
2,475円
渋沢翁シルエットデザインの
真空ステンレスタンブラー。
カラーは白と青の2種類

● 深谷市仲町20-2
070-8481-1208
無休 P 約200台

車で
約30分

2 道の駅はなぞの ふっかちゃんミュージアム
みちのえき はなぞの ふっかちゃんみゅーじあむ

洋風建物の物産館は、1階が地酒や漬
物といった地元特産品が並び、2階は
深谷市公式イメージキャラクターの
ふっかちゃんと直接触れ合える「ふっ
かちゃんミュージアム」や、ベーカリー
工房があります。渋沢栄一とふっか
ちゃんのコラボ商品もいろいろ♪

ふっかちゃん
＆渋沢栄一翁
クリアファイル
A4サイズ 110円

ふっかちゃん
＆渋沢栄一翁
マグカップ 2,800円
湯呑 2,500円

ねぎの街 深谷ねぎ油
185g 1,458円
深谷ねぎ、菜種油、に
んにく、しょうがを低
温調理で5時間かけ
て抽出

ふっかちゃんミュージアム
限定ぬいぐるみ 2,800円

売っているのはここだけ！

● 深谷市小前田458-1 P 367台
048-584-5225
本館1階 8:00～19:00
ふっかちゃんミュージアム
10:00～18:00 無休

※新型コロナウイルス感染拡大防止策として、現在はふっかちゃんの登場は中止しています

3　上里サービスエリア（下り）
かみさとさーびすえりあ

一般道からも利用可能！

車で40分

フードコートでは、上里小麦を使ったラーメンやうどんに加え、ご当地豚肉「姫豚」を使った丼など、上里ならではのメニューが楽しめます。ショッピングコーナーにはおみやげ品が充実！渋沢栄一グッズのコーナーも設けています。

● 児玉郡上里町五明（関越自動車道）
ショッピングコーナー 0495-33-2666
24時間　無休　P 202台

フードコート・麦さと屋

上里肉汁うどん750円
上里小麦100%の生うどんを打ちたて・切りたて・ゆでたてで提供。豚肉の入った少し甘めの肉汁との相性は抜群です。うどんの風味とのどごしの良さを楽しめますよ

上里うどん（4人前）648円
もちもちとした食感で、上里産小麦の旨味を味わえる幅広うどん。さまざまなアレンジでおいしく味わえます

青天を衝け 渋沢栄一焼きねぎ醤油
ポテトチップス 432円

車で約110分

4　埼玉県物産観光館そぴあ　さいたまけん ぶっさんかんこうかん　そぴあ

最後は埼玉のおみやげを買いに大宮へ。定番の「草加せんべい」、小江戸川越の「芋菓子」、味の「狭山茶」、そして伝統工芸品など。伝統の品から新たな名物まで650種類以上を販売。渋沢栄一の特設コーナーも設置しています。

渋沢栄一の菓子商品がいろいろ

2階「パスポートセンター」の隣が「そぴあ」

地酒・地ビール・地ワインなど、埼玉のお酒が豊富に揃います

● さいたま市大宮区桜木町1-7-5
ソニックシティビル2階　048-647-4108
10:00〜18:00　（休）日曜・祝日・年末年始
P 140台（大宮ソニックシティ・有料）

国宝「歓喜院聖天堂」の彫刻
約8年の歳月をかけて屋根葺き替えと彩色修理が
行われ、建立当初の鮮やかさがよみがえりました

自叙伝『雨夜譚』にも登場する妻沼の聖天さまから、
渋沢栄一にご縁のある熊谷の、
おすすめスポットをご紹介します。

良縁を結ぶお守りも♪

埼玉三偉人の足跡をたどる
熊谷・妻沼探訪コース

聖天山からスタート
熊谷・妻沼 AREA

1 妻沼聖天山 歓喜院 めぬましょうでんざん かんぎいん

良縁を結ぶ 極彩色の［埼玉日光］

日本三大聖天の一つで、夫婦の縁をはじめ、さまざまな良縁を結ぶとされています。国宝に指定された本殿「歓喜院聖天堂」は圧巻。少年栄一が剣術の稽古で訪れて昼食をごちそうになった話も残され（『雨夜譚』）、今も渋沢家が奉納した石灯籠が建っています。

国宝「歓喜院聖天堂」

約1分

● 熊谷市妻沼1511　048-588-1644　境内は入場無料
　国宝「歓喜院聖天堂」拝観 大人700円（同伴の中学生以下無料）
　平日10:00〜15:00　土日祝 9:30〜16:00

2 大福茶屋さわた だいふくちゃや さわた

築100年の古民家で休憩♪

聖天山の西参道に交差する「縁結び通り」にあり、手作りのランチやスイーツが楽しめます。大正時代からある和洋菓子店の運営で、紅白の求肥を結んだ「縁結びあんみつ」が人気。2種のクリームチーズを使った「ちーず大福」はおみやげにも最適。

● 熊谷市妻沼1537-2　048-589-1124
　9:00〜17:00　㈹月曜（ほか不定休あり）

約5分

縁結びクリームあんみつ 605円
※内容は季節によって変わります

3 道の駅めぬま（めぬまアグリパーク）
みちのえき めぬま

国道407号沿いにあり、敷地内のバラ園では約400種2,000株のバラを初夏から初冬まで楽しめます。特産のヤマトイモを使った料理や在来種の茶豆を使ったジェラートが味わえるレストラン、オリジナル商品を揃えたショップもあり、JAの販売所も併設しています。

荻野吟子にちなんだ「にっぽん女性第1号資料ギャラリー」もあります

ドライブに立ち寄りたい花の名所
※園内整備等により像の位置が変更になります

● 熊谷市弥藤吾720
　048-567-1212　入場無料
　10:00〜18:00
　（11月〜2月は17:30まで）
　㈹第1水曜、年末年始

埼玉三偉人
荻野吟子記念館 おぎのぎんこきねんかん

4

江戸時代の末期1851年に現在の熊谷市俵瀬に生まれ、18歳で結婚しますが、病気のため離婚。男性医師に婦人科治療を受けた辛い経験から、女性医師の必要性を感じ、自ら志します。男性社会の中、不屈の精神で「日本公許女医第1号」となりました。記念館はその誕生の地にあります。

写真提供：熊谷市

生家の長屋門を模した記念館

熊谷市俵瀬581-1　048-589-0004
入場無料　9:00～17:00
㈶月曜（祝日の場合は開館、翌平日休館）
年末年始

約30分

片倉シルク記念館
かたくらしるくきねんかん

5

渋沢栄一が建設に携わった富岡製糸場の姉妹工場として、平成6年まで操業していました。片倉工業㈱熊谷工場の繭倉庫を利用した資料館です。実際に使われていた製糸機械や、生糸ができるまでの過程、工場内での生活等を紹介しています。平成19年「近代化産業遺産」認定。

当時の繁栄を今に伝える
メモリアルギャラリー

熊谷市本石2-135
048-522-4316
入館無料
10:00～17:00（入館は16:30まで）
㈶月曜・火曜、年末年始、お盆期間

約5分

星溪園 せいけいえん

6

中山道熊谷宿の本陣・竹井家の当主で、熊谷の発展に貢献した竹井澹如の別邸。荒川の洪水で生まれた玉の池を中心とした回遊式庭園です。澹如は中央政界とも交流があり、明治皇后や大隈重信、陸奥宗光とともに栄一が来訪したと伝わっています。

熊谷市鎌倉町32
048-536-5062
入場無料　9:00～17:00
（11/1～2月末は16:00閉園）
㈶月曜、年末年始

星溪寮、松風庵、積翠閣の3つの建物があります
写真提供：熊谷市

足をのばして訪れたい

埼玉三偉人　盲目の国学者
塙保己一記念館 はなわほきいちきねんかん

江戸時代中期の1746年に現在の本庄市に生まれ、7歳で失明。15歳で江戸の当道座（盲人の組織）に入り、最高位まで昇進しました。また、41年かけて失われつつある各種文献を収集・整理し、『群書類従』を完成させました。後に渋沢栄一がその版木の保存等に貢献しました。

塙 保己一

本庄市児玉町八幡山368
（アスピアこだま）0495-72-6032
入場無料　9:00～16:30
㈶月曜（休日の場合は翌日）、年末年始

写真提供：本庄市教育委員会

※新型コロナウイルスなどの影響により、誌面でご紹介した施設や店舗の開館（営業）時間・展示内容・提供サービスなどが変更・中止になる可能性があります。詳細は二次元コードを読み取り、事前に各ホームページなどでご確認ください。

近代的経済社会の基礎を築いた巨星 渋沢栄一　17

飛鳥山を2分で登るモノレール「アスカルゴ」が便利。

61歳から亡くなるまでの30年間を過ごした飛鳥山（東京都北区）。王子駅から歩いて散策でき、ちょっとレトロな気分に浸れるおすすめコースです。

注目の街 飛鳥山
王子飛鳥山 AREA

晩年を過ごした街をめぐる
飛鳥山レトロ探訪コース

王子の街を走る「東京さくらトラム（都電荒川線）」。9000形レトロ車両に出合えたらラッキー♪大河ドラマ館ラッピングバージョン（左写真）も走っています

1 渋沢史料館・晩香廬・青淵文庫
しぶさわしりょうかん　ばんこうろ　せいえんぶんこ

渋沢史料館

昨秋リニューアル。現在は完全予約制

かつての旧渋沢邸跡地に建つ、1982年開館の博物館。渋沢の活動を知り、人生をたどり、その思いに触れられます。「渋沢栄一伝記資料」などの関連資料や図書を自由に見られるほか、デジタル画像で飛鳥山邸を体験できる「渋沢栄一さんぽ」といったユニークな展示も。

写真：渋沢史料館提供

91年の生涯を年齢ごとに見られる、常設展示「渋沢栄一をたどる」 写真：渋沢史料館提供

晩香廬

渋沢の喜寿（77歳）を記念して贈呈された洋風茶室。来賓客用のレセプション・ルームとして使われました。寄棟造の桟瓦葺の洗練された造形美。
よせむねづくり　さんかわらぶき

青淵文庫

接客の場として使われた文庫。渋沢が子爵に昇格したことと、傘寿（80歳）の祝いとして贈られました。

「晩香廬」とともに国指定の重要文化財

写真：渋沢史料館提供

写真：渋沢史料館提供

渋沢家の家紋をもとにデザインしたタイルやステンドグラスがおしゃれ

写真：渋沢史料館提供

● 東京都北区西ケ原2-16-1（飛鳥山公園内）　03-3910-0005
「渋沢史料館」の入館券で「晩香廬」「青淵文庫」も見学可能
大人（18歳以上）300円　子ども（小中高校生）100円　事前要予約

2
〔渋沢×北区〕
青天を衝け 大河ドラマ館 せいてんをつけ たいがどらまかん

令和3年12月26日まで

撮影で使われた衣装や小道具のブースには、ここでしか見られない貴重な展示も。ドラマの世界観を映し出す8mの大型スクリーンや、制作舞台裏ものぞける4Kドラマシアター、ブースで撮影した自分の顔がお札の肖像風になるオリジナルコンテンツなど、見どころ満載です。

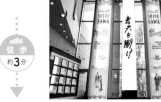

高さ8mの大型スクリーンがお出迎え

東京都北区王子1-1-3（飛鳥山公園内）
03-6903-3901（入場券販売管理センター）
9:00〜18:00（10月5日以降は17:00まで）
(休)月曜 ※祝日は開館。翌平日が振休
大人（18歳以上）800円　子ども（小中高校生）400円
未就学児無料　※当日入場券あり

3
〔渋沢×北区〕
飛鳥山おみやげ館 あすかやまおみやげかん

北区の事業者らが中心になって開発した渋沢オリジナル商品をはじめ、地元が誇る伝統工芸品や食べ物を取り入れた渋沢グッズが全300種類以上。

ぬいぐるみ 5,500円
北区観光協会オリジナルキャラクター「しぶさわくん」のぬいぐるみ

渋沢百訓まんじゅう 495円〜
渋沢が好きだったオートミールを薄皮に使用したミルク飴まんじゅう。渋沢翁の「百の訓言」も学べます。

根付け 飛鳥山の花々 1,870円
ブローチ 飛鳥山の花々 3,080円
渋沢翁がイタリアを訪れたころ流行していたガラス工芸「ミクロモザイク」をアレンジ。

渋沢グッズが大充実！

東京都北区西ケ原2-16
（飛鳥山公園内）
080-4787-9842
10:00〜18:00　(休)月曜

4
141 OUJI TABLE いちよんいち おうじてーぶる

木と緑に囲まれたレストランでは、渋沢の好物「オートミール」を麺に練り込んだパスタメニューを期間限定で提供中。店舗が入る駅前の複合施設「サンスクエア」は、渋沢栄一が起業した抄紙会社（日本初の洋紙工場）の跡地にあり、敷地内には「洋紙発祥の地」の碑があります。

バジルとチーズのオートミールパスタ 1,100円
平日のランチタイムにはデザートも付きます

東京都北区王子1-4-1
サンスクエア3F
050-5484-0959
平日11:30〜14:00（LO）
土日祝11:30〜18:00（LO）
不定休

クリームソーダ700円
いちご、メロン、ブルーハワイの3種類

5
カフェまきや かふぇ まきや

散策の最後は昭和8年創業のレトロ喫茶で休憩。喫茶店の定番メニュー、ナポリタンやオムライスはもちろん、今流行りのクラシックなクリームソーダが楽しめます。

東京都北区王子1-22-16　03-3914-6461
8:30〜19:30（土曜8:00〜17:00）　(休)日曜

※新型コロナウイルスなどの影響により、誌面でご紹介した施設や店舗の開館（営業）時間・展示内容・提供サービスなどが変更・中止になる可能性があります。詳細は二次元コードを読み取り、事前に各ホームページなどでご確認ください。

 ＼ おとなも こどもも ／
渋沢栄一のすごさが分かる！

Book 01
自ら語る
波乱の生涯

渋沢栄一自伝 雨夜譚・青淵回顧録(抄)
あま よ がたり せいえんかいこ ろく

渋沢 栄一 ▶ 角川ソフィア文庫　1,100円

渋沢栄一の口述を記録した自伝『雨夜譚』と晩年の談話を筆記編集した回顧録『青淵回顧録』を読みやすい現代語訳でまとめたもの。血洗島（現深谷市）での少年時代のエピソードから、生涯で1,000を超える会社や社会事業にかかわった後半生まで広く紹介されています。

Book 03
渋沢一族の
生身の物語

渋沢家三代

佐野 眞一 ▶ 文春新書　946円

ノンフィクション作家・佐野眞一さんが渋沢栄一と息子の篤二、孫の敬三の3代にわたる生涯を描いたもの。大実業家となった栄一。偉大な父の存在に押しつぶされ、遊蕩の末に廃嫡されてしまう篤二。経済人で大蔵大臣も務めた敬三。公益に尽くした誇り高き「財なき財閥」渋沢一族の生身の姿を描いています。

Book 02
生涯にわたる
出来事を
随筆風に
まとめた人物伝

渋沢栄一伝

幸田 露伴 ▶ 岩波書店　891円

渋沢栄一の没後に、文豪・幸田露伴が撰述した評伝。父母の出自から始まり、激動する社会の中で奮闘する姿が見えてきます。格調高い文章でありながら分かりやすく、当時の人々の考え方や新しい事業を切り拓く難しさなど、時代を超えて生き生きと感じられます。人物解説付き。

Book 04
ちょい読みにも
おすすめ

［現代語訳］ベスト・オブ渋沢栄一

木村 昌人（編）渋沢 栄一（著） ▶ NHK出版　1,430円

渋沢が残した言葉から86編を厳選。日本の近代化に奔走した日々や、経験から生まれたメッセージを集約。第Ⅳ章では「論語」の解釈から道徳と経済の両立を説きます。幕末から大正にかけて日本を動かしたリーダーたちの人物評は解説付きで、歴史好きにもおすすめ。

おすすめ Book 8選

Book 05

「今」に置き換えて
読みやすい

［まんが］超訳 論語と算盤

原作：渋沢栄一　監修：守屋　淳　▶ 光文社　1,430円
解説：渋澤　健　シナリオ：山本時嗣
漫画構成：今谷鉄柱　作画：新津タカヒト

「逆境の会社員が〝現代の渋沢栄一〟に『論語と算盤』を学んだらどうなるのか？」という問いを、経済誌の出版社を舞台に展開。日本一の大投資家であった故・竹田和平氏に弟子入りし、運命を開いて人生を好転させた実例から創作したものです。解説は竹田氏とも交流があった栄一の玄孫・渋澤健氏。

Book 07

大実業家の
原風景を訪ねる

渋沢栄一の深谷

川田重三（著）　清水　勉（写真）　▶ さきたま出版会　1,980円

深谷生まれで元校長の川田重三さんが文章を、清水勉さんが写真を担当し、県内の出版社が発行。諏訪神社のささら獅子舞など血洗島の風景や、渋沢が設立にかかわった日本煉瓦製造㈱に由来する煉瓦の建物など、地元ならではの写真200枚余りと記事で、大実業家の原風景を訪ねます。

Book 06

文章＋図で
楽しく分かる

［図解］渋沢栄一と論語と算盤

齋藤　孝　▶ フォレスト出版　1,650円

明治大学教授でメディアでも活躍する齋藤孝さんが、渋沢栄一の91年の生涯を年譜やイラスト、図解を交えてたどります。『論語と算盤』からの引用では、メジャーリーガーの大谷翔平選手が高校生時代に作っていたマンダラチャート（目標達成シート）まで登場。現代に生きる渋沢スピリットが伝わってきます。

Book 08

親子で読みたい
渋沢入門書

［学習まんが］渋沢栄一

渋沢史料館（監修）　▶ 集英社　1,100円

数ある学習漫画の中でも、渋沢史料館監修の一冊。『雨夜譚』など自伝の記述を踏まえ、少年時代から実業家になるまでの前半生を中心に描いています。分かりやすいストーリー展開で、思わず引き込まれます。子どもだけでなく大人も「なるほど！」と思える内容なので、親子で読んでみては。

Goods & Foods

渋沢栄一ゆかりの品々をご紹介！

大河ドラマで注目されただけでなく、新一万円札の肖像に決定した埼玉の偉人・渋沢栄一。美味しく楽しく話題性いっぱいの"渋沢愛"にあふれた商品が続々と登場しています。

※価格は「渋沢栄一翁ふるさと館OAK」での販売価格を掲載しています（いずれも税込）
※商品の仕様および価格は、予告なく変更となる場合があります

盛り付け例

● 青淵カレー（1食180g）648円

栄一翁ゆかりの藍玉をイメージした、インパクト大の「青いカレー」！味はクリーミーな中辛で食べやすく、見た目とのミスマッチが楽しい。
㊟はやし物産 048-587-3139

※合成着色料は使用していません。
青色は、天然色素「クチナシ青色素」によるものです。

● 渋沢栄一翁最中

1個260円　箱入り（4個）1,200円

甘さ控えめで豆の味が堪能できる贅沢な味わい。たっぷりのこしあんと白いんげん豆が、口の中いっぱいに広がります。
㊟御菓子司 西倉西間堂 048-585-2432

● 渋沢栄一どら焼き

1個 180円
5個入り 1,120円

国産高級小麦粉と深谷市内で生産された卵のふんわりした生地に、北海道産小豆の粒あんがたっぷり。1日200個しか作れない特製の味です。
㊟お菓子の店ねだち
048-572-3404

● 青淵煮ぼうとう
秘伝のたれ付き
（4食入）648円

アツアツでも冷やしてもおいしい国内産小麦100%使用の麺。「青淵」は、生家の裏に湧水があったことに由来する栄一翁の雅号です。
㊟株式会社新吉
048-571-0520

● 渋沢栄一マグカップ 1,100円

渋沢翁のイラストをあしらったマグカップは2種類。シンプルなデザインで、「プレゼントにも最適」と人気です。
㊟釜屋金物店048-571-0107

● 渋沢栄一翁万能つゆ・渋沢栄一翁ぽんず
渋沢栄一翁だし醤油　各440円

家庭で使いやすい調味料を、栄一翁とふっかちゃんの可愛らしいデザインパッケージで。
㊟大東食研048-571-6377

● 渋沢栄一オリジナル
ドリップパック　1袋 216円

紅茶のティーバッグのように手軽にスペシャルティコーヒーの味を楽しめます。栄一翁が好んだ飲み方にちなんで、ミルクと砂糖に合うブレンドです。
㊟50 COFFEE & ROASTERY
048-577-5585